HENRI PORPHYRE

LABITTE

SÉNATEUR DE LA SOMME

AMIENS

TYPOGRAPHIE DELATTRE-LENOEL

32, RUE DE LA RÉPUBLIQUE, 32

1888

HENRI PORPHYRE

LABITTE

SÉNATEUR DE LA SOMME

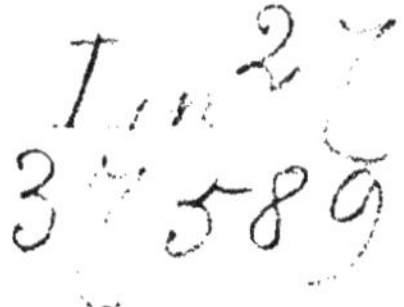

Tiré à 100 exemplaires.

HENRI PORPHYRE

LABITTE

SÉNATEUR DE LA SOMME

AMIENS

TYPOGRAPHIE DELATTRE-LENOEL

32, RUE DE LA RÉPUBLIQUE, 32

—

1888

HENRI PORPHYRE

LABITTE

*A MM. les Membres
de la Société d'Émulation d'Abbeville.*

Messieurs,

Vous avez bien voulu me demander une Notice sur notre regretté collègue M. Labitte. Je vous remercie au nom de l'amitié qui remontait entre lui et moi à notre plus lointaine jeunesse, aux années mêmes des premières études. L'alliance très rapprochée qui vint, en 1850, resserrer cette amitié, doit imposer à l'expression de mes sentiments une certaine discrétion de famille. Vous la comprendrez. Ce n'est pas devant vous, d'ailleurs, que j'aurais à m'étendre sur les qualités de l'homme privé, sa cordialité ouverte, la facilité sympathique de son commerce. Vos souvenirs, pour apprécier les heureuses et constantes dispositions de son caractère, n'auront pas besoin que mes paroles vous les rappellent. Je n'essaierai donc de vous remettre en mémoire qu'une partie de sa vie active et de ses travaux.

Ainsi que l'a constaté un des discours prononcés sur sa tombe, H. P. Labitte, fils d'un magistrat estimé et respecté, naquit à Abbeville le 19 février 1823. Il fit une partie de ses études dans notre collège et il les finit à Paris au collège Charlemagne. Son frère Charles, brillamment entré déjà depuis quelques années dans la carrière à laquelle la mort devait l'enlever si tôt, désira le garder auprès de lui, diriger, encourager de conseils et d'exemples les études nouvelles du jeune bachelier ès-lettres et ès-sciences. Notre futur collègue avait alors, avec le goût de l'histoire naturelle qu'il ne perdit jamais, un grand désir d'excursions lointaines, de longs voyages. Ses confidences des années 1841-1842 sur ces fuites en imagination ne datent pour moi que d'hier.

En ces années achevaient de paraître successivement les six volumes du voyage de Jacquemont dans l'Inde (*Correspondance familière, descriptions zoologiques et botaniques*, etc.). Les aventures du voyageur et les observations du naturaliste passionnaient presque également le jeune Labitte [1]. Il s'éprit ainsi lui-même de vie d'aventures et de recherches. Il rêva d'explorations scientifiques en pays non visités encore. Stimulé par ce feu de jeunesse et ce besoin d'observation, il se fit admettre comme préparateur au Muséum d'histoire naturelle, en intention de suivre la carrière des Lacépède, des Lamarck, des Geoffroy, mais surtout avec l'espoir secret de se faire donner plus tard, par l'administration du Jardin des Plantes, des missions entre les tropiques. Je l'ai vu, dans les galeries du Muséum, travaillant assidûment à classer des collections

(1) Jacquemont était né à Paris, mais originaire, si je ne me trompe, de Saint-Pol, la ville la plus voisine de Blangermont où le jeune Labitte passait ses vacances, et cette circonstance, je crois bien m'en souvenir, contribuait à l'intérêt qu'il prenait à la lecture de la *Correspondance*.

et s'appliquant, par cet enseignement pratique, à devenir un
vrai savant. Il sut tout à coup, par un mouvement à la fois
spontané et réfléchi et bien en accord avec tous ses sentiments
naturels, faire le sacrifice de ses jeunes et chères ambitions.
Dans cette vie close du Muséum, il parcourait par l'esprit des
forêts vierges ou foulait la neige des Andes lorsque son frère
Charles mourut (19 septembre 1845). Un grand et immédiat
changement se fit alors chez notre futur collègue. Un frère
plus jeune que lui avait quitté pour toujours la maison assez
récemment [1]. Son frère aîné manquait maintenant à la famille.
Il survivait seul pour son père et pour sa mère. Il se dit qu'il
devait se dévouer à leur deuil, renoncer aux projets caressés
qui l'éloigneraient trop souvent de leur vieillesse. Il abandonna
donc le Muséum, quitta, non sans regret, ses études exclusives
d'histoire naturelle et se fit inscrire parmi les élèves de l'école
de Médecine. C'est alors qu'il fut connu et apprécié du
savant Maissiat, directeur ou conservateur du Musée Orfila,
et travailla avec lui, comme préparateur, à la mise au point
de ce Musée.

La révolution de février vint jeter son émoi dans les nouvelles études du jeune Labitte. Nommé officier d'état-major
de la garde nationale, il soutint aux journées de juin la bonne
réputation des Picards, fut blessé, et sa conduite dans ces
journées néfastes lui valut une mention honorable, décernée
au nom du général chef du pouvoir exécutif, transmise et signée
le 25 août 1848 par le Ministre de l'Intérieur, J. Senart [2].

Très peu d'années après, M. Labitte fut fixé à Abbeville
par son mariage. Il devint notre collègue en 1865, et, ses

---

(1) Mort à Blangermont, le 24 mai 1842, à l'âge de neuf ans.
(2) Voir plus loin la note 1.

anciens goûts d'histoire naturelle persistant, il fut par vous présenté au choix du maire lors d'une vacance produite dans la Commission du musée.

Je n'ai pas besoin de vous rappeler quel intérêt il porta toujours à l'enrichissement, au bon entretien de cet établissement municipal. Il créa la collection des nids d'oiseaux du pays, se chargea de transférer dans de nouveaux bocaux les poissons et les reptiles entrés dans les galeries après la mort de M. Baillon. Enfin il publia en 1869 son *Mémoire sur la Bibliothèque et les Musées d'Abbeville*, étude dans laquelle il examinait l'état et les richesses des divers établissements, signalait l'insuffisance des locaux occupés, exposait en quelles conditions les galeries destinées à recevoir, soit des livres, soit des collections naturelles, doivent être établies, et proposait, pour la construction d'un édifice commun à la bibliothèque et aux musées d'Abbeville, des plans et des devis dont je n'ai pas à discuter dans cette notice rapide la justesse ou les erreurs, les avantages ou les inconvénients.

Les environs d'Abbeville avaient permis à notre collègue de faire concorder dans les mêmes distractions ses goûts vivaces pour l'histoire naturelle et sa passion longtemps juvénile de mouvement physique. Il trompait ainsi son ancien amour des grands voyages par des excursions aux petites dunes de Saint-Quentin, des navigations entre les bancs mobiles de la baie ou sur la miniature du lac de Cayeux. Quelquefois son carnier et son carnet s'emplissaient en même temps. Dans l'un le gibier, dans l'autre les observations. Le canot qui rapportait les phoques tués rapportait aussi une monographie complète de ces amphibies. La cuisine attendait les oiseaux du Hable ; la table de travail, les remarques sur les mœurs, les habitudes, le cri, le chant des migrateurs abattus.

M. Labitte envoyait en effet au *Journal des Chasseurs* des articles qui ne sont pas seulement des récits cynégétiques, mais le plus souvent des chapitres d'histoire naturelle. Ainsi dans les n°ˢ des 15 et 30 juin 1858 son étude : *Des phoques sur les côtes de la Manche*, — articles réunis peu après : (Paris, imprimerie de L. Tinterlin, 1858).

Ainsi *la Hulle et le Hulleau*, dans le n° du 15 octobre 1859; *le Hérisson*, dans le n° du 15 juin 1861. — La Société d'Agriculture de Saint-Pol porta, dans sa séance du 18 avril 1864, grande attention à ce dernier article qui fut alors publié de nouveau, à Saint-Pol même, par l'imprimeur-libraire F. Becquart.

Cette œuvre mixte du chasseur et du naturaliste reparaît et se poursuit, à partir de 1880, avec quelques articles anciens et d'autres nouveaux, dans la *Chasse illustrée* qu'édite avec luxe la maison Didot. Je relève bibliographiquement dans cette publication :

1881. — *Le Hérisson*; — *La Fouine*.

1882. — *Les Phoques*.

1883. — *La Bécassine*; — *Le Furetage aux Crabes*, chasse de braconnier en usage dans la garenne de Saint-Quentin; — *La Hulle et le Hulleau* [1].

1884 et 1885. — *Le Becquet*, chasse particulière surtout à l'étang de Cayeux (Hable d'Ault) et à ses bords; article remarquable par la notation en signes musicaux du cri de la plupart des oiseaux qui fréquentent cet étang.

L'ami de tous les temps de notre collègue, et notre collègue aussi, M. Charles Louandre, publiait en 1862 un *Dictionnaire des Sciences à l'usage des bibliothèques scolaires*. M. Labitte lui avait fourni pour cet abrégé quelques petits

______

(1) Voir plus loin la note II.

articles sur les sujets de sa compétence, ainsi que le faisait, de son côté, un autre de nos collègues, M. E. d'Orval; et M. Louandre consignait cette collaboration sur le titre du manuel.

Des intérêts plus sérieux à d'autres points de vue occupaient dès lors M. Labitte. Il était en 1868 le promoteur et, on peut le dire, le principal fondateur de la bibliothèque populaire.

La guerre de 1870 réveille avec tout son zèle d'humanité l'ancien habitué des hôpitaux. On se souvient de l'ambulance due à son initiative et qu'il ne cessa de diriger; ambulance qui allégea les souffrances de plus deux cents blessés ou malades dans les trois locaux dont elle disposa.

Les Allemands occupent encore notre malheureuse ville lorsque la nouvelle se répand : Paris en feu! M. Labitte n'hésite pas à se joindre aux volontaires d'une Compagnie dont il a porté l'uniforme et va combattre les suites d'une insurrection qui menacent notre fortune d'art et la richesse commune de la France. A vingt-trois ans de distance, il se retrouve sur le terrain où il a mérité la constatation officielle de son dévouement au salut national.

En 1871 il est élu conseiller général, en 1876 député, en 1882 sénateur.

Dans chacune des assemblées où il entre, je puis le dire sans m'éloigner des questions qui intéressent Abbeville ou notre département, il s'occupera surtout de marine, de navigation, de chemins de fer.

Ouvrir à notre canal, c'est-à-dire à notre commerce, une sortie toujours libre, ou mieux, faciliter l'accès en tous temps de ce canal aux navires venant de la mer, faire tromper par la Somme les courants marins et les sables, tel fut au

Conseil général le principal objet vers lequel tendit la persévérance de ses efforts.

En 1874, le 15 avril, il lit à ce Conseil un rapport dont le titre est : *Recherches historiques sur les projets d'amélioration de la Somme et de ses ports* (Amiens, typ. d'Alfred Caron, 1874). Ce rapport devient l'introduction du volumineux mémoire, très bien renseigné, plein de faits, qu'il présente dans une session suivante au Conseil. Ce mémoire de 350 pages, qui a pour titre : *Projets d'amélioration de la Somme et de ses ports, recherches historiques, notes et documents, cartes et plans, index bibliographique* (Amiens. Jeunet. 1874), est, au point de vue hydrographique, l'histoire la plus complète de notre baie et de la navigation entre les rives anciennes ou actuelles de la Somme, d'Abbeville au delà des bancs [1].

Ce mémoire, comme le rapport, concluait à la création, en eau profonde, d'un port en dehors de la baie.

Dans la session d'août 1880, un vœu est émis par les quarante et un membres du Conseil pour la réalisation des idées défendues avec tant de constance par M. Labitte, et le 27 août (même session), le rapport sur ce vœu est lu par l'infatigable promoteur du projet qui se couvre toujours de l'autorité d'un grand homme de génie. Vauban, et des intelligentes vues d'un simple mais hardi marchand de notre ville même. François Gatte.

Dans une séance officieuse de la Chambre de Commerce d'Abbeville (10 octobre 1882), M. Labitte soutient encore résolûment le projet d'un port au perroir d'Ault, le projet de Vauban et de notre concitoyen Gatte.

Je ne puis que laisser aux ingénieurs de l'avenir, et surtout

____

(1) Voir plus loin la note III.

au temps, le soin de juger de la justesse des opinions et des vœux du Conseil général de 1874 et de 1880, et de M. Labitte.

M. Labitte prit grande part dans le Conseil de la Somme aux travaux portant sur le réseau de nos railways à voie étroite. Il y présida la commission dite des chemins de fer d'intérêt local. Au Sénat, il fut le rapporteur de la commission chargée d'examiner le projet de loi adopté déjà par la Chambre et portant déclaration d'utilité publique pour l'établissement du réseau de la Somme [1].

A la Chambre et au Sénat, M. Labitte s'attacha surtout aux questions pratiques. Sa fréquentation ancienne de notre littoral et des pêcheurs lui avait valu une certaine autorité parmi ses collègues pour les questions touchant un peu à la mer. Les rapports à faire sur ces questions lui étaient volontiers dévolus dans les commissions. Témoins (Chambre des Députés) le rapport sur une proposition concernant des établissements de pêche (séance du 31 janvier 1878); les rapports sur des projets de loi ayant en vue la protection du balisage (séances des 4 mars et 11 décembre 1879); le rapport supplémentaire sur le même projet (séance du 28 février 1880).

Deux propositions de loi lui appartiennent en propre. La première visait la *Codification successive des lois*. Présentée à la Chambre le 3 juin 1876, elle reparaît dans la séance du 28 novembre 1881 [2]. La seconde visait la réglementation et la police de la *Chasse*. Elle l'occupa dans les deux assemblées successivement et jusqu'à son dernier jour [3]. Présenté le 4 novembre 1881 à la Chambre, le projet, contenant un exposé des motifs et trente-six articles, était, suivant l'usage, ren-

(1) Voir la note IV. — (2) Voir la note V. — (3) Voir la note VI.

voyé à une commission d'initiative, et, dès le 21 du même
mois, M. Labitte, au nom de cette commission convaincue
par lui, déposait un rapport sommaire sur sa propre proposition.

La Chambre, chargée de travaux, ne put discuter le projet
avant l'expiration de son mandat. D'autres projets se produi-
sirent [1] dans la nouvelle Chambre en 1883, et M. Labitte,
devenu sénateur, saisit le Sénat [2] du projet qui portait déjà
son nom dans le Parlement et dans la presse.

Voici en quels termes M. le marquis de Cherville, l'auteur
des *Mois aux Champs,* s'exprimait sur ce projet, après la mort
de notre collègue : « La première tentative de réformer la
loi sur la chasse, portait le reflet de l'expérience et de
l'influence de l'honorable et regretté M. Labitte, alors député,
depuis sénateur. Personne, ni dans la Chambre ni dans la
presse spéciale, n'avait aussi judicieusement que M. Labitte
approfondi cette question. Les petits côtés ne lui en avaient
pas plus échappé que les grandes faces. Il comprenait qu'une
loi sur la chasse doit assurer la conservation du gibier, puisque,
faute de ce gibier, toute réglementation serait oiseuse. Enfin
il avait l'âme trop haute, trop de désintéressement politique,
pour chercher un levier électoral dans l'abandon en matière de
chasse de toute règle et de tout frein. » — *Temps du 6 déc. 1885.* [3]

(1) Voir la note VII.

(2) Dans la séance du 25 juillet 1883. — Proposition de loi sur la chasse
présentée par M. Labitte, sénateur. — In-4°, imprimerie du Sénat.

Trois mois après, le 27 octobre 1883, M. Labitte fit lui-même, au nom de la
septième commission d'initiative parlementaire à laquelle le projet avait été ren-
voyé, le rapport sur ce projet. — In-4°, imprimerie du Sénat.

(3) Voir la note VIII.

Depuis le 16 octobre 1868, M. Labitte était maire de Blangermont, modeste commune de l'arrondissement de Saint-Pol. C'est à Blangermont qu'une affection de cœur, subitement aggravée par un accident de voiture, l'emporta le 3 novembre 1885. Ses obsèques eurent lieu dans la même commune le 7 du même mois. M. le premier président Dauphin, sénateur, et M. Carette, ancien député, membre du Conseil général de la Somme, prirent la parole sur sa tombe, au nom du Sénat et du Conseil général, et lorsque s'ouvrit, l'année suivante, la première session de ce Conseil, le président proposa, en signe de deuil, de ne pas nommer, pour la durée de cette session, de vice-président en remplacement de M. Labitte; témoignage de regret auquel le Conseil s'associa à l'unanimité.

Je manquerais à la mission que vous m'avez donnée, Messieurs, si je ne me faisais, même devant vous, l'interprète des regrets que vous avez, comme ses collègues du Conseil de la Somme, ressentis de la perte de notre confrère M. Labitte, et vous pardonnerez aux réserves imposées qui répriment l'expansion de mes sentiments.

E. PRAROND.

(Mémoires de la Société d'Émulation d'Abbeville 1884-1886).

LES OBSÈQUES

 Labitte était mort le 3 novembre. Le 6,
M. François, Maire d'Abbeville, en prenant
place au fauteuil devant le Conseil municipal
convoqué extraordinairement, se fit l'interprète
du sentiment commun en prononçant ces paroles :

Messieurs,

« La mort vient de nous enlever notre dévoué et sympa-
thique sénateur, M. Labitte. Cette douloureuse nouvelle
frappe la démocratie de notre département.

» Depuis longtemps déjà les amis de ce républicain convaincu redoutaient une fin prochaine. Atteint d'une maladie
qui ne pardonne pas, M. Labitte a succombé dans sa pro-
priété de Blangermont, le mardi 3 novembre.

» Une voix plus autorisée que la mienne redira les mérites

de notre excellent compatriote. Je me contenterai, pour ma part, d'exprimer dans cette enceinte les sentiments de sincères regrets du Conseil municipal de la ville d'Abbeville.

» La mort du Sénateur Labitte, entouré du respect général, est une grande perte pour le gouvernement de la République qu'il servait avec un dévouement sans borne et dont il s'est toujours montré, en toute circonstance, le défenseur éclairé et convaincu.

» Elle frappe le département de la Somme qui l'avait choisi pour le représenter au Sénat ; elle atteint tout particulièrement l'arrondissement d'Abbeville qui, à plusieurs reprises, a témoigné à l'homme fidèle aux institutions républicaines et démocratiques, la confiance qu'il avait en lui, en le choisissant pour son représentant au Conseil général dont il était le vice-président, à la Chambre des députés qu'il n'a quittée que pour entrer au Sénat, où l'ont appelé, en 1882, les électeurs sénatoriaux de la Somme.

» Abbeville, Messieurs, est particulièrement sensible à cette perte. C'est à Abbeville, en effet, que M. Labitte est né ; c'est à Abbeville qu'il a toujours conservé sa résidence ; c'est parmi nous, enfin, qu'il a déployé plus spécialement les qualités de l'homme de bien, du savant et du philantrope qui le distinguaient. Aussi, je crois être l'interprète fidèle du Conseil municipal en adressant à la famille de notre regretté concitoyen, plongée dans la douleur, l'expression de tous nos regrets, et en vous proposant de lever la séance en signe de deuil. »

Cette allocution ayant obtenu une adhésion unanime, le Maire leva immédiatement la séance.

Dans la matinée même, les Conseillers municipaux s'étaient

réunis pour élire parmi eux une députation aux obsèques de M. Labitte. MM. François, A. Taquet, premier Adjoint au Maire, et Gavelle, Conseiller, avaient reçu la mission de représenter l'Assemblée communale et la Ville à la cérémonie funèbre.

Les obsèques eurent lieu le lendemain, 7 novembre, à Blangermont, au milieu d'un grand concours d'amis venus de tous les points du département de la Somme.

Après M. Fernand Labitte et MM. E. et A. Prarond, fils et beaux-frères du défunt, et les autres membres de la famille, marchaient MM. Dauphin, Sénateur, Président du Conseil général de la Somme ; Magniez, Sénateur, un des Vice-Présidents, comme l'était M. Labitte, du même Conseil ; Laurent, Secrétaire général de la Préfecture de la Somme, représentant le Préfet empêché ; Strauss, Sous-Préfet d'Abbeville ; Carette, ancien Député et Conseiller général de la Somme ; Cauvin, Desprez, Ducamp, Faton de Favernay, Fougeron, Fournier, Gignon, Maquennehen, Sagebien, Membres du Conseil général de la Somme : François, Maire d'Abbeville ; Desrosiers, Procureur de la République, à Abbeville ; Le Coustellier, Conseiller d'arrondissement du canton Sud d'Abbeville ; Taquet, Adjoint au Maire d'Abbeville ; Gavelle, Conseiller municipal, et un grand nombre de notabilités.

Une délégation des Sapeurs-Pompiers d'Abbeville, composée de dix hommes, sous la conduite de MM. les officiers Richard, Bertrand et Léon, escortait le cercueil. Une superbe couronne, leur don et celui de leurs camarades, témoignait, portée par l'un d'eux, des regrets et de l'affectueux respect d'une compagnie à laquelle M. Labitte avait longtemps appartenu activement et dont il était resté membre honoraire.

Le cercueil lui-même disparaissait sous les autres couronnes offertes.

La famille avait reçu beaucoup de lettres et de télégrammes d'amis empêchés de venir. M. Goblet, Député de la Somme, Ministre de l'Instruction publique, et M. Jametel, Député, avaient exprimé leurs regrets de ne pouvoir se rendre à Blangermont.

(Le Pilote et le Progrès de la Somme).

A la suite du service, MM. Dauphin et Carette prirent la parole sur la tombe encore ouverte.

DISCOURS DE M. DAUPHIN,

*Sénateur, premier Président à la Cour d'appel d'Amiens,
Président du Conseil général de la Somme.*

Messieurs,

« J'ai le devoir d'adresser un dernier hommage à notre excellent ami, M. Labitte, Sénateur de la Somme et Vice-Président du Conseil général du même département; devoir douloureux, mais dont l'amertume est adoucie par la sérénité que l'homme juste et bon répand, même autour de sa tombe.

» D'autres conquièrent ou surprennent les faveurs de leurs concitoyens et les hautes situations par le bruit et l'éclat. M. Labitte fut toute sa vie l'homme modeste, et l'ample moisson de considération et d'honneurs publics qu'il récolta se fit d'elle-même, sans qu'il eût songé à semer autre chose que le bien et l'utile.

» Dès sa jeunesse c'était l'utile qu'il poursuivait dans

l'étude des sciences naturelles et c'était sa modestie qui faisait de lui un préparateur au Muséum d'histoire naturelle, au Collège de France et à la Faculté de médecine de Paris.

» Puis, les électeurs ayant été chercher dans sa retraite le républicain convaincu dont le caractère inspirait le respect même à ses adversaires, il arriva, presque sans lutte, au Conseil général en 1870, à la Chambre des Députés en 1876, au Sénat en 1882 ; et dans sa carrière administrative et politique ce fut encore aux résultats pratiques qu'il consacra ses efforts.

» Au Conseil général et dans le Parlement il s'occupait surtout des questions d'affaires.

» On se rappelle la persistance avec laquelle il poursuivit, malgré les nombreux obstacles que malheureusement il n'a pas eu le temps de surmonter, la grande œuvre de la création d'un port à eau profonde dans le département.

» Président de la Commission des chemins de fer d'intérêt local, il fut l'un des principaux artisans du réseau des voies ferrées qui vont prochainement sillonner tous nos cantons et notamment relier plus étroitement la Somme et le Pas-de-Calais, auquel son amour du bien, dans les petites choses comme dans les grandes, l'attachait par la mairie de Blangermont.

» A la Chambre et au Sénat, on l'a vu utiliser les souvenirs de la principale distraction de sa jeunesse en étudiant et déposant des projets de loi sur la chasse, qu'il voulait à la fois rendre accessible à tous et impossible à ceux qui y trouvent une occasion de rapine et de démoralisation.

» Parlerai-je de la ligne politique qu'il avait adoptée et dont il ne s'est jamais écarté ? Personne peut-être ne l'a mieux appréciée que moi qui provoquais fréquemment l'expression de ses opinions et de ses conseils.

» Imbu des principes démocratiques les plus fermes, ayant

l'œil sans cesse dirigé vers tous les progrès qu'ils réclament et dont aucune hardiesse ne l'effrayait, il était pourtant de ceux qui prêchaient la prudence. Son bon sens pratique lui disait que, si les hommes investis de la confiance publique ont le devoir d'éclairer le pays sur la nécessité des réformes, il est périlleux de ne pas attendre qu'elles soient bien comprises pour les réaliser.

» Ennemi des coteries, des luttes de groupes parlementaires, des intrigues des Assemblées, il marchait droit sa route, sans compromission aucune avec les ennemis de la République, mais aussi sans refuser aucune concession pour maintenir l'union des républicains.

» Les habitants de son ancienne circonscription de député savent comment il soutenait et développait ces deux idées de patience et de conciliation dans des conférences ou plutôt des causeries amicales et familières, où, de commune en commune, avec sa simplicité paternelle et sa gaîté parfois malicieuse, il encourageait les timides et modérait les ardents. Il y a eu dans le département, en ces dernières années, peu d'hommes politiques qui aient exercé une action plus directe et plus personnelle sur les populations.

» Conservons précieusement, Messieurs, le souvenir de cette vie honnête et pure en toutes choses, et, au moment où notre ami Labitte nous quitte bien avant l'heure où nous pouvions craindre de le perdre, promettons-nous de lui rendre l'hommage qui peut lui être le plus cher, en continuant son œuvre et en nous efforçant de donner au pays ce qui peut seul lui assurer le calme et la prospérité : l'utile dans et par la République. »

DISCOURS DE M. Albert CARETTE,

ancien Député de la Somme,
Conseiller général du canton Nord d'Abbeville.

« Blangermont pleure aujourd'hui son maire, Abbeville
son conseiller général, son ancien député, et le département
de la Somme un de ses meilleurs représentants à la Chambre
et au Sénat.

» Essayons à notre tour de retracer ici la vie d'un homme
de bien, d'un citoyen utile, d'un républicain vraiment digne
de ce beau nom, car il fut jusqu'à la fin de ses jours pas-
sionné pour la chose publique.

» M. Porphyre Labitte, fils d'un magistrat estimé et respecté
dans la Somme, naquit à Abbeville en 1823. Il fut l'un des
bons élèves du collège communal de cette ville, puis du
collège Charlemagne à Paris. Ses grades universitaires con-
quis, nous le voyons d'abord fuyant une oisiveté dangereuse
à son âge, s'adonnant à son goût pour les sciences et surtout
pour l'histoire naturelle. Le Jardin des Plantes, le Collège de
France, l'École de médecine, le reçoivent tour à tour comme
préparateur. Il travaille ainsi avec les Brongniart, les Dufres-
noy, les Duvernoy, noms bien connus dans le monde des
sciences naturelles. Le musée Orfila, dirigé par le savant
Maissiat, lui dut en partie son organisation.

» Notre ami collaborait en même temps au *Journal de l'Instruction publique*, et il servait de secrétaire à son frère Charles
Labitte, ce critique si fin, trop tôt enlevé aux lettres et à
l'Université.

» Porphyre Labitte était un savant. Comment n'aurait-il pas été un homme du progrès ?

» En février 1848, il était au premier rang parmi les partisans de la réforme et acclama avec eux la République.

» Cet esprit droit et pratique, dit à ce sujet l'un de ses biographes, sut conserver intactes ses convictions fermement républicaines, sans jamais subir certains entraînements dangereux de cette époque. Pour lui, l'ordre et la liberté devaient toujours rester inséparables. » Ne nous étonnons donc pas de le voir aux journées de Juin, capitaine d'état-major dans la garde nationale de Paris, combattre pour la cause de l'ordre et pour le drapeau tricolore à côté de son illustre colonel, l'historien Edgard Quinet. Luttes sanglantes et fratricides, mais qu'il fallait pourtant avoir le courage de soutenir! Labitte y fut blessé et y gagna une mention honorable pour sa belle conduite.

« On sait comment le spectre rouge, perfidement exploité, servit de prétexte, quelques années après, au coup d'État du Deux-Décembre. Notre ami se retire alors à Abbeville où il devient administrateur du Musée et membre de la Société d'Emulation. Le *Journal des Chasseurs*, le *Dictionnaire des Sciences* à l'usage des bibliothèques scolaires, édité par son compatriote et ami Charles Louandre, s'enrichissent en même temps de ses intéressants articles et de ses travaux. Le chasseur intrépide se doublait d'un observateur et d'un naturaliste attachant; le savant fondait la Bibliothèque populaire d'Abbeville qui n'a fait que prospérer sous son impulsion.

« C'est surtout à partir de 1861, lorsqu'il fut devenu, après la mort du docteur Vésignié, le Vénérable de la loge maçonnique la Parfaite Harmonie, que M. Labitte put répandre autour de lui, dans une large mesure, les idées de liberté, d'égalité et de fraternité, qui lui ont toujours été chères et qui sont l'essence même de cette antique institution. Véritable réorganisateur de cette loge, il ne crut pouvoir mieux faire que de prêcher d'exemple. Chaque année, par ses soins et ceux de ses amis, des bons de pain étaient distribués aux ouvriers d'Abbeville les plus pauvres, des livrets de caisse d'épargne aux apprentis les plus méritants, et lui-même préconisait dans d'éloquents discours les bienfaits inappréciables de l'épargne et du travail. Cette propagande porta ses fruits.

» Ceux qui m'écoutent me reprocheraient peut-être d'oublier qu'il était déjà, à la même époque, le maire et le bienfaiteur de cette commune de Blangermont qu'il a administrée si sagement et si paternellement pendant trente années.

» La désastreuse guerre de 1870 éclate. M. Labitte, alors âgé de près de cinquante ans, s'empresse de fonder, à Abbeville, une ambulance et des hôpitaux temporaires dans lesquels il recueille plus de deux cents blessés ou malades.

» Après la Commune, il se joint aux pompiers de cette ville qui allèrent, sans crainte du péril, éteindre les incendies allumés à Paris par l'insurrection.

» C'est en 1871 que Labitte entra dans la vie politique militante. Les électeurs du canton sud d'Abbeville l'envoient au mois d'octobre siéger au Conseil général de la Somme où la République était alors en minorité. Il y soutint vaillamment le bon combat. Rappelons une des questions importantes traitées par lui dans cette Assemblée, celle de la baie de Somme, capitale pour l'avenir maritime et commercial de notre département. Qui ne connaît, dans toute la région du Nord, le remarquable mémoire adressé au Conseil général sous le titre de *Projet d'amélioration de la Somme et de ses ports*, formant, avec les pièces justificatives, la matière d'un grand volume :

» En janvier 1876, présenté comme candidat au Sénat par les républicains de la Somme, Labitte échoua d'abord. Mais dès le mois suivant il prenait sa revanche et, après une lutte mémorable, devenait le premier député républicain d'Abbeville.

» On entrait quelque temps après dans la néfaste période du Seize-Mai. A la sage politique de M. Thiers avait succédé une politique provocatrice vis-à-vis de la majorité républicaine.

» Nous ferons d'un mot l'éloge du nouveau député en disant qu'il fut l'un des plus fermes, l'un des plus déterminés à la résistance.

» On crut alors devoir dissoudre une Chambre dont le seul crime était d'être républicaine sous la République. La France répondit par la réélection en masse des trois cent soixante-trois. La réaction affolée songea vainement à un coup d'Etat et il ne resta bientôt plus au Maréchal, suivant le mot fameux de Gambetta, « qu'à se soumettre ou à se démettre. » Le Maréchal se démit et M. Labitte fut de ceux qui portèrent M. Grévy à la présidence de la République.

» L'ère des périls était close, l'ère des difficultés allait commencer.

» Le temps nous manque ici pour énumérer les votes principaux de M. Labitte, les lois importantes à l'élaboration desquelles il prit part à la Chambre. Vous savez tous que personnellement il a été l'auteur d'une proposition de codification des lois, ayant pour objet de les rendre plus claires, plus intelligibles, moins contradictoires surtout, et de fixer la jurisprudence.

» Chasseur intrépide, bien connu pour tel dans la baie de Somme et aux environs de Blangermont, M. Labitte est aussi l'auteur d'une proposition de loi sur la chasse, dont la Chambre, puis le Sénat, quand M. Labitte fut élu Sénateur de la Somme, en 1882, avec MM. Dauphin et Magniez, ont été et sont encore saisis.

» Remarquons ici que M. Labitte n'a cessé de grandir dans l'estime et dans la confiance de ses concitoyens. Le modeste Maire de Blangermont, toujours resté attaché à sa petite commune, était devenu Sénateur et Vice-Président du Conseil général de la Somme, quand il commença à ressentir les premières atteintes du mal qui nous l'a enlevé. Nous l'eussions sans doute conservé longtemps encore, sans une funeste complication survenue depuis peu et due à un accident déplorable.

» Dans la vie privée, Labitte avait toutes les qualités du père et de l'époux. Il avait su se faire aimer et apprécier de tous les siens. Sa gaieté, son obligeance, sa bonté inépuisable étaient connues bien au delà du cercle de sa famille et de ses amis et n'ont pas peu contribué à le rendre populaire.

» Ses collègues des deux Chambres, à Paris, et du Conseil général, à Amiens, conserveront longtemps la mémoire du conteur aimable et spirituel. On gardera par dessus tout le souvenir de cette rectitude de jugement, de ce sens ferme et droit qui n'ont cessé de le guider dans ses actes, dans ses votes et dans ses conseils. C'est par la prépondérance des hommes désintéressés, calmes et sages comme il le fut toute sa vie, que se fondent les Républiques. C'est par la prédominance des intrigants, des violents et des fous, qu'elles périraient fatalement.

» Cher Monsieur Labitte, vous qui fûtes l'apôtre infatigable du progrès, le protecteur persistant des faibles, le généreux bienfaiteur des pauvres, le meilleur des conseillers pour vos amis et la Providence vivante de tous les vôtres, reposez en paix. Ni votre mémoire ni vos exemples ne périront. »

Dès la veille des obsèques un journal dont les opinions n'étaient pas celles de M. Labitte, le *Mémorial d'Amiens*, lui consacrait un article développé dans lequel, en rappelant ses actes, il rendait pleine justice à sa droiture et à ses qualités. « Comme il ne nous coûte nullement, concluait l'article, de rendre à un adversaire politique l'hommage qui peut lui être dû, nous nous plaisons à reconnaître que M. Labitte fut un représentant actif et bienveillant. Nous en avons eu la preuve, il y a quelque temps, à propos d'une pétition adressée au Sénat par des habitants de la Somme et que nous avions cru pouvoir lui signaler tout particulièrement. Après en avoir reconnu le bien fondé, M. Labitte s'empressa de se faire nommer rapporteur, et il obtint du Sénat un avis favorable avec renvoi au Ministre compétent....

» M. Labitte était donc entouré du respect général. »

(Mémorial du 6 novembre).

M. le président Le Royer, ouvrant, le 10 novembre, une session du Sénat, résumait en ces mots un éloge funèbre de M. Labitte : « .... Il appartenait à ce groupe d'hommes fermes et modérés qui apportent une égale résistance aux entraînements de l'impatience et aux tentatives réactionnaires.

» Le Sénat a perdu en M. Labitte un savant modeste, un homme de bien et un bon citoyen. » — *(Applaudissements)*.

(Compte rendu sténographique du Journal officiel).

Au Conseil général, à l'ouverture de la session de mai 1886, M. le président Dauphin prononça les paroles suivantes:

MESSIEURS,

« Depuis notre réunion d'août, nous avons eu la douleur de perdre notre collègue et vice-président M. Labitte.

» Ce fut un républicain ferme et honnête, un homme loyal et intègre, à la vie pure et patriarcale, un représentant dévoué et expérimenté dans nos assemblées législatives et départementales, un collègue animé de bienveillance et de sentiments conciliants. Il laissera un long souvenir au sein de cette Assemblée. (*Très bien* !

» Je me suis efforcé d'être sur sa tombe l'interprète des sentiments du Conseil général. Mais j'ai cru de mon devoir de lui rendre dans cette enceinte un dernier hommage qui, selon l'usage, sera inscrit sur nos registres. (*Très bien, très bien. Vive approbation*.

» Je propose à l'Assemblée de ne pas procéder à l'élection d'un vice-président, pour tout le temps que M. Labitte devait encore exercer ces fonctions. (*Assentiment unanime*).

(Les journaux de la Somme).

NOTES.

I

RÉPUBLIQUE FRANÇAISE.

*Cabinet
du ministre
de l'Intérieur.*

Paris, 25 août 1848.

Citoyen, j'ai fait connaître au Gouvernement votre courageuse conduite pour la défense de l'ordre et le maintien de la République pendant les journées du mois de juin dernier.

Je suis heureux d'avoir à vous transmettre, au nom du chef du Pouvoir Exécutif, l'expression de la reconnaissance Nationale et de vous annoncer que, parmi tant de citoyens qui ont bien mérité de la Patrie à cette occasion, vous avez été jugé digne d'obtenir une mention honorable.

Recevez, Citoyen, mon salut fraternel.

Le Ministre de l'Intérieur,
J. SENART.

*Ici un timbre sec:
République française
Ministère de l'Intérieur.*

Au citoyen LABITTE (Henri), Capitaine d'État-major 11ᵉ légion, rue Férou nº 15.

II

C'est dans cet article, *la Hutte et le Hutteau*, que M. Labitte exposa, avec des dessins, son système de longue-vue et de mire appliquées au fusil pour le tir de nuit.

III

Dans sa session d'août 1872, le Conseil général avait nommé une Commission spéciale de douze membres, parmi lesquels M. Labitte, pour étudier les améliorations à apporter au régime de la baie de la Somme. Dans la session d'avril 1873, M. Labitte, qui avait été particulièrement chargé de faire des recherches historiques sur les anciens projets intéressant la Somme, d'Abbeville à la mer, donna au Conseil un aperçu d'un grand travail possible. Le Conseil ordonna la continuation des études historiques, et, le 14 avril 1874, M. Labitte put lui donner lecture du résultat de ses recherches. Le Conseil alors vota l'impression de son travail et de tous les documents qui s'y rattachaient.

Peut-être serait-ce ici le lieu de dire que M. Labitte connaissait bien l'histoire de notre pays, comme suffirait à le prouver le discours prononcé par lui au pied de la statue inaugurée le 28 août 1881 au Crotoy.

IV

« Sénat, session extraordinaire de 1884, annexe au procès-verbal de la Séance du 23 décembre 1884. Rapport fait au nom de la Commission des chemins de fer chargée d'examiner le projet de loi, adopté par la Chambre des Députés, ayant pour objet de déclarer d'utilité publique l'établissement d'un réseau de chemins de fer d'intérêt local dans le département de la Somme, par M. Labitte, sénateur. »

V

« Chambre des Députés. Session de 1876. Annexe au procès-verbal de la Séance du 3 juin 1876. Proposition de loi relative à la codification successive des lois, présentée par M. Labitte, député. »

« Chambre des Députés. Troisième législature. Session extraordinaire de 1881. Annexe au procès-verbal de la Séance du 28 novembre 1881. Proposition de résolution relative à la codification successive des lois présentée par MM. Labitte, Varambon, Drumel, Gatineau, Philippoteaux, députés. » — Exposé des motifs. . . . . . Proposition de résolution.

VI

M. Labitte avait déjà été le rapporteur d'une Commission chargée d'examiner diverses propositions sur la loi du 3 mai 1844 :

« Chambre des Députés. Session de 1881. Seconde législature. Annexe au procès-verbal de la Séance du 11 juin 1881. Rapport fait au nom de la Commission chargée d'examiner les propositions de loi ayant pour objet de modifier la loi du 3 mai 1844, sur la chasse, par M. Labitte, député. »

Dans ce rapport très développé, M. Labitte proposait déjà d'assez nombreux changements aux anciens articles, mais, interprète obligé de ses collègues, il n'avait pu exposer comme il l'eût désiré ses idées particulières. Il fut déterminé par cette circonstance sans doute à rédiger lui-même le projet qui devait porter son nom.

« Chambre des Députés. Troisième législature. Session extraordinaire de 1881. Annexe au procès-verbal de la Séance du 4 novembre 1881. Proposition de loi sur la chasse présentée par M. Labitte, député. » In-4° imprimé chez A. Quantin, imprimeur de la Chambre des Députés.

« Chambre des Députés, etc. 21 novembre 1881. Rapport sommaire fait au nom de la première Commission d'initiative parlementaire chargée

d'examiner la proposition de loi de M. Labitte sur la chasse, par
M. Labitte, député. »

Dans un autre rapport déposé le même jour, M. Labitte repoussait,
au nom de la même Commission, une proposition de M. Guilloutet
ayant pour objet de supprimer le permis de chasse.

« Sénat. Session de 1883. Annexe au procès-verbal de la Séance du
25 juillet 1883. Proposition de loi sur la chasse présentée par M. Labitte,
sénateur. »

« Sénat. Session de 1883. Annexe au procès-verbal de la Séance du
27 octobre 1883. Rapport sommaire fait au nom de la septième Commission d'initiative parlementaire chargée d'examiner la proposition de loi
de M. Labitte sur la chasse, par M. Labitte, sénateur. » — M. Labitte
insiste surtout sur l'interdiction de la vente et du colportage du gibier
en temps de clôture de la chasse, sur le *plombage* du gibier.

VII

Un rapport d'une Commission sur ces projets et le projet Labitte
émeut un peu le journal *la Chasse illustrée* (n° du 28 juillet 1883). —
L'auteur de l'article termine ainsi sa critique : « On se rappelle que la
Commission de la chasse avait été nommée pour examiner la proposition de loi, très étudiée, très complète, de l'honorable M. Labitte,
aujourd'hui sénateur. C'est même à ce travail qu'ont été empruntées les
quelques bonnes choses du nouveau projet. Eh bien ! c'est à peine si le
rapporteur le mentionne, pour déclarer en deux phrases que les péna-
lités proposées par M. Labitte ont paru trop sévères, et que son système
de plombage exigerait un personnel et des dépenses trop considé-
rables. . . . . . . Il n'a pas annexé à son rapport le moindre document ; il
n'y a même pas joint le texte du projet Labitte sur lequel la Commission était appelée à statuer. Les députés seront obligés de rechercher
cet important document ou de le juger d'après l'appréciation bien légère
du rapporteur. »

VIII

Le journal *la Chasse illustrée*, édité sérieusement par la maison Didot, s'était occupé à plusieurs reprises du projet de M. Labitte. N° du 4 août 1883, p. 247. « Les chasseurs apprendront avec plaisir que, dans la Séance du 25 juillet, l'honorable M. Labitte a déposé sur le bureau du Sénat son projet de loi sur la chasse. . . . . Le 31, la Commission d'initiative a voté sa prise en considération et a nommé M. Labitte rapporteur. . . . . . ».

N° du 29 décembre 1883, p. 410 : « *la Chasse illustrée* s'est nettement ralliée à ce projet qui a une très grande ressemblance avec celui que son auteur avait soumis à la Chambre des Députés en 1881, et auquel la Commission a substitué le petit monstre que l'on sait.

» Toutefois le projet de M. Labitte, sénateur, se distingue de celui de M. Labitte, député, par des innovations assez remarquables et des modifications assez profondes pour qu'il nous paraisse utile d'en donner ici l'analyse et une appréciation. » Etc.

Suit une assez longue discussion du projet.

IMPRIMÉ

PAR

DELATTRE-LENOEL.

AMIENS

1888